Antonio Rodríguez Hernández

desde mi trinchera

Murcia - 2001

DEDICATORIA

A Francisco Brines, maestro de poetas,
mi maestro...
a través del cual perdí la inocencia de la poesía.

                    A. Rodríguez Hernández

ISBN: 99934-70-18-X
ISBN-13: 978-9993470182
Reg. Prop. Intelectual Murcia num. 6198 (06-09-2001)
©Antonio Rodríguez Hernández - 2001
Dibujo y diseño portada:
©José Rodríguez Velázquez

...
y el reposo en las sábanas
de las furias del cuerpo
es el agradecimiento de quien ha de morir,
y sin pedir la vida, la vida le desborda
hasta negar la muerte miserable,
la herrumbre de los cuerpos aún vivos
y las sombras ya huecas de los muertos.

(De "*Aún no*".)

Francisco Brines

Hace ya bastantes años, muchos,
que este libro me lo debía mí mismo.

A. Rodríguez Hernández

desde mi trinchera

DÍA UNO

Hoy escribo desde mi lucha.
Hoy me siento en mi trinchera y escribo.
No es el orgullo lo que me impulsa a escribir
sino que ya...
                me resulta insoportable el silencio.
Hoy no quiero salvar rencores, desclavar culpas,
sino maldecir demonios olvidados,
                sonar tambores de guerra...
Mi alma, en su vivir, se ha ido haciendo hosca, áspera.
Siento que, poco a poco, se va encerrando en sí misma,
      se atrinchera, se amuralla,
mientras que los recuerdos,
        con su tenue cosquilleo intimista,
desmenuzan mordazmente mi violáceo otoño
        desde la profunda serenidad de su silencio...
Es por eso que hoy busco en el fondo de mí mismo
la opaca voz de mi propia estima
y al rigor de su intemperie
      aflorar quiero hoy sus quejas
           una por una...
                ¡desde el otro lado de mi piel!

DÍA DOS

Podría preguntarme hoy
       - al ponerme a escribir -
si en verdad estoy pensando realmente en mí mismo,
en mi vida pasada,
en mi entorno,
en lo que siento y he sentido
o bien tan sólo busco
           recrearme en mi propio ombligo,
en buscar un breve aroma de autocomplacencia
                que ensalce mi ego
cuando, en verdad, debería de ponerme a gritar al mundo
       - sin concesiones a la galería -
la despiadada, la brutal,
      la absurda poesía del mundo en que vivimos…
y en el que, ingenuamente, nos creemos únicos
cuando, en realidad, no nos damos cuenta
de que el destino
nos tiene amarradas las manos a la espalda
         desde el oscuro inicio de los tiempos.
Vencido estoy… ¡quizás!
        pero aún me queda el orden.

DÍA TRES

No quiero que nada cambie hoy
                    el sentido de mis palabras.
Hoy no busco redención, no la quiero…
No quiero ser el *Abel* de mi propio *Caín*.
Mi palabra está de luto pero sobrada de verdad.
Hoy me siento
como un roedor de las migajas de la vida
que se conformó con una palmada en la espalda,
que se abandonó a amarras que le fueron atando,
que enterró cobardemente sus dos talentos,
que supo hacer de Pilatos sin rubor cuando le convino…
y que esperó en una esquina su ración de felicidad
            sin tener nunca la conciencia muy clara
de si ésta llegó ya, vendrá o pasó de largo para siempre.
Mi ánimo, con los años, se fue haciendo duro, cruel
alzándose sobre mi propia voz que me fustiga.
Un ánimo que hizo excavar en mi costumbre un cauce
donde poner mis pobres muebles
                    y destruírmelos uno a uno.

DÍA CUATRO

El hálito de la decadencia me hace temblar.
Me hace temblar, me miro por dentro…
                      y frunzo el ceño.
Y es que los demás no saben, en realidad,
absolutamente nada de nosotros, ¡nada!
¡Qué larga es la vida no vivida!
Me gustaría que se me recordara mirando al cielo,
todo ilusión, todo humanidad…
                buscando mi destino, mi futuro, ¡mi vivir!
Absurdamente hoy, casi al final ya del viaje,
alguien me cantó al oído una canción de amor.
Hoy, precisamente ahora,
que ya no hay una manera digna
de retenerlo en el galpón ajado del alma.
¿Qué puedo esperar ya? ¿a quién engaño?
¿extiendo de nuevo, otra vez, las manos?
¿espanto demonios envidiosos?
¡Dios mío!
Pero si soy ya toda una esperanza sucumbida,
       patéticamente ataviada para la ocasión
              con su mejor traje… ¡pasado de moda!

DÍA CINCO

¿Se ha de quedar mi fruto maduro en la rama?
¿Adónde se fue yendo lo escrito en mi desierto?
¿Qué fue de mi secreto aquel de hombre *cuerdo*?
¡Ay, quién supiera retener para sí eternamente
cada uno de los momentos mágicos que vivió!
Esta fue siempre mi cara y mi cruz.
Desde el estrafalario nido en que me instalé
busqué siempre en mí la saturación en las cosas,
el atracón a destiempo,
     el ganar por ganar,
sin entender que son otros muchos
   los senderos que también conducen al mar,
que entre la noche y el día
  siempre hubo más de una línea negra,
que bajo el firmamento azul
viven otras mil almas sin ropaje,
     otros *YO* de peligrosa hermosura.
¡Ay!, siempre hubo en mi vida un eclipse de ilusiones
y faltó la cúpula infinita de un amor…
      ¡abierto misericorde al día a día!

DÍA SEIS

Si sujeto mi imaginación,
    - siempre desbocada al aire -,
renuncio a lo posible que eternamente
                          hubo en mí.
Si la ahogo en mí me condenaré perpetuamente
a huir de la leve fugacidad de un pensamiento breve,
a abandonarme para siempre en la guillotina del silencio,
a este perpetuo otoño interior convertido en pensamiento,
a renunciar a aquella tentación de amor
que tanto busqué
                entre mil noches idénticamente iguales…
Sin imaginación sería algo así
como un monumento a lo perdido,
como un mausoleo del absurdo,
como un sepulcro de deseos,
         como una línea recta torcida…
Sí, si mi imaginación muere, habré muerto con ella.

Porque dime:
¿para qué quiero yo un universo…
                      sin mi universo?

DÍA SIETE

¿En nombre de quién mis manos
                volverían hoy a la siembra?
¿Qué madre amamantará hoy mis versos?
¿Qué obsesión encontraré hoy tras la cicuta del deseo?
¿Qué momentos me quedan por soñar?
¿Por qué me atrae tanto la idea hoy
de dejar de ser mortal,
de cerrar bien las cortinas de mi ego,
de dejarme llevar en una noche fingida
                y caer de bruces en el agujero del olvido?
¡Dios mío!... el desnudo y el vacío adornan ya mi casa.
Siento que mi palabra ya no vibra,
que mi verbo se desvanece
y que mi tiempo se pierde
persiguiendo torpemente la metáfora de la eternidad.
Por eso hoy no necesito engañarme más...
Hoy, hago una lectura distinta de mi soledad
                y entiendo por qué siempre le fui fiel...

DÍA OCHO

La ira y la arrogancia son siempre
                posteriores al duelo.
Todos tenemos un grial que buscar.
¿Cuántas veces me preguntaré para qué patria
debería de quemar hoy
                la bandera de mi sacrificio?
Porque dime… ¿el árbol muerto da fruto?
¿brotan hojas verdes de la madera carcomida?
¿de qué puedo hablar hoy con mi propio miedo?
¡Ay!, se enterró mi juventud en una madurez
                sin ramas ni raíces.
Una madurez presa en la cárcel de la razón,
atrapada en la esteparia aridez de mi páramo interior
entre achaques de desesperanza
y tránsitos peregrinos…
sin llegar a saber nunca por qué,
    ni para qué,
se instaló en mí la soledad
               y me cubrió con su sombra.
Duerme mi universo creyéndose un dios,
ahíto de palabras y vocablos sugerentes
y bajo sus escombros, mis viejas ruinas
      aún luchan por escaparse llorosas…
         aunque sea huyendo por la puerta de atrás.

DÍA NUEVE

No hay demasiadas cosas en mi vida
que puedan quitarme ya de las manos.
¡Qué fácil se murmura desde la talanquera!
El tiempo, en mi tiempo, se desordena…
la vista se cansa, la luna apenas brilla,
el corazón se rebela,
                el cuerpo se desmorona...
Pero no todo son sombras
                en el crucifijo de la vejez.
Alivia abrir, de vez en cuando,
el corazón a la esperanza
dejando atrás
todas esas viejas injurias de los años vengadores…
y buscar algo, un revulsivo, que vuelva en tu vida
                cada cosa a su lugar exacto.
Esta noche, ingenuo de mí,
me atreví a escribirle al amor pero…
¡qué difícil es escribir y escribir poesía
cuando cada palabra en tu interior es un silencio,
         cada verso un adiós
                y el poema su mortaja!

DÍA DIEZ

Me siento como un jardín de puertas cerradas,
como un mercadillo en desorden,
como un rayo de sol ya entrada la noche,
como locura impresa en letra muerta…
o como una canción condenada
                a la espantosa mudez del silencio.
Siento que ya perdí para siempre
la herencia de mi memoria,
    el valor de la franqueza,
        la llama de mi fuego,
             la luz de mi infinito…
¡Cómo me gustaría hoy parecerme al sol!,
dejar a un lado la máscara
              y servir de blanco a todo lo creado.
Pero…
¿cómo volver hoy al punto de partida?
¿cómo seguir cabalgando a horcajadas de la vida?
¿quién me devuelve ya el talismán de mi perdida luz?
Dios mío,
mi poesía sólo soy yo, nada más que yo
        y en cada soledad…
               ¡vivo un poema!

DÍA ONCE

Se derramó abril por la ciudad invadiéndolo todo.
Ilumina el sur encendiendo caminos de sol
y ahuyentando en mí viejos recelos hacia el mar.
Hoy la primavera, por fin, contó conmigo
y surgió la sorpresa blanca de la felicidad
                    para quien envejeció entre miedos.
(Al juego del amor se juega - me dices - dejándose llevar,
                            ¡a lo que salga!)
No sé ya si aún es tiempo de otra música, de otro son...
pero me siento hoy como aquel árbol de la calle
    que es feliz aunque...
           sabe que nunca llegará a ser bosque.
Y es que nunca se vuelve de un deseo,
nunca se vuelve de lo que dejamos,
nunca se vuelve de lo que no fuimos,
no se vuelve nunca del camino jamás hollado...
Eres una hora rescatada de mis horas muertas
                casi sin tiempo ya de poder vivirte.

Un nombre, una voz
y un amor de mujer detrás de un interrogante...
                          ¡eso eres tú!

DÍA DOCE

Alguien me vendió barata, un día,
                la ilusión de que podría elegir.
Otro alguien me anunció que, a mi pesar,
me habrían de mover irremediablemente
                los hilos secretos de las estrellas.
Incluso uno hubo que me advirtió
de que no corriera el riesgo
                de subirme al árbol del amor a mi edad…
y hasta me tachó de pobre bufón
por intentar huir de mi soledad triste y concreta.
No faltó quien me quiso hacer ver que
cuando la vejez acaricia la imaginación,
                ahoga los sueños…
y que mi tiempo, mi mucho tiempo,
                tan sólo es ya… antigüedad.
Pero el mismo azar nos confirma que existe la ley,
que siempre hubo un rincón donde dejar la esperanza,
que eternamente habrá una cornisa
                donde guarecerse de la lluvia,
un madero a mano donde crucificar tu soledad
y un tiempo de tu tiempo que huela a vida…
                y acepte, sereno, la muerte.

DÍA TRECE

Hoy, en la virtual botella de un e-mail,
he recibido un mensaje,
pequeño, breve, desnudo;
          una misiva esclarecedora;
un burla burlando de palabras blancas
                    y sueños de nieve…
Un mensaje de vocablos verdaderos,
     huidos de metáfora,
escuetos, amargos, fríos y duros
     ¡como los restos del naufragio que son!
Un escrito en el que las palabras
sobrepasan ardientemente la prosa
para dejar sueltas mil pasiones amordazadas.
Por eso hay días que el papel se me queda en blanco.
Por eso hay días que no merece la pena escribir.
Hoy he perdido, de nuevo, la inocencia de la poesía
y me he desprendido de otra forma más de inercia.

Hoy escuché, sorprendido, en aquel mensaje
entre vivaces, sostenidos y pequeños bemoles
un canto lúcido y clarividente
                de la fúnebre balada de mi propia vida.

DÍA CATORCE

Razones tengo, razones me empujan
                para ser tu contador de sueños.
Desprestigiado oficio este el del poeta
siempre al aire desalentador del reproche,
domador incansable de la palabra,
buscador de rimas, iluminador de prodigios,
perseguidor de la voz,
sacerdote del deseo y la carne,
ritualista del silencio, oráculo de todo sentimiento,
humilde servidor, al fin y al cabo, del verso esquivo…
Y es que ese dejarse algo de sí mismo en cada estrofa,
ese resplandor del paisaje interno,
ese vibrar agónico con el dolor íntimo,
ese juego de palabras tras el antifaz de tus escritos,
ese pánico ante la hoja en blanco,
esa tristeza pertinaz que te sirve de almohada,
esa flor ajada a la que todos llaman ilusión,
todo ello y mucho más…
son parte de tu secreto, tu marca de poeta, tu poesía
ya que no hay dos poetas iguales,
        dos poemas idénticos, ¡dos soledades exactas!
Por todo esto, quiero seguir siendo tu contador de sueños
 y negociar contigo, noche a noche,
                los trámites de cada sonrisa tuya…

DÍA QUINCE

Hoy es primavera, es abril y no cae la lluvia.
Como siempre… es un día más, un día nuevo.
Y sin embargo tiene su noche.
Y la noche, desconcertante, me invita al diálogo.
Cuando apenas la ciudad duerme y la noche
                    extiende, solícita, su caricia anónima
aguardo inquieto la cibernética presencia
    de ese alma sin nombre que llenará mis vacíos.
Alma que llega a la escena
inflamando las paredes de mi cuarto,
y juntos jugamos a jugar a *buenos y malos*
      - con derecho a ganar, eso sí -
como en aquellas viejas películas en blanco y negro.
¡Ay!, acogedora maraña de ese extraño bosque virtual
en el que las palabras viajan a impulsos de teclado,
                en fila india, una a una…
creando poesía urbana, poesía vestida de gris y asfalto.
Poesía difícil, de confesiones y madrugada,
                de soledades compartidas.
Poesía preñada de esa sugerente clandestinidad
              de la noche ávidamente consumida.
Noche que se vive entre trémulas y ardientes promesas
hasta que el sueño cierra, uno a uno, los ojos…
                  ¡a todos los actores!

DÍA DIECISEIS

Si hubiera podido seguirte hoy, te hubiera seguido.
Allá donde estés tú, compañero,
recuérdame por siempre altivo, erecto, joven…
y no como a este viejo solitario
      procesionador de mañanas
          que, cada día, perdona el tiempo que pierde.
¿Quién enseñó al tiempo a que fuese
                tan fugaz y silencioso?
¿Adónde fuiste a parar, amigo mío,
        ya sin hambre y sin cadenas?
Ayer vi pasar tu entierro.
Ya no escucharé más tu voz apagada,
tus tartamudeos, tu risa, tu voz,
porque la muerte les impuso fatalmente su silencio.
A mí, tampoco me queda mucho tiempo ya.
Ya me ves, agarrado al vacío estoy.
Su esplendor me llama, me atrae,
sus luces me subyugan,
y la noche… me lleva a desear compartir contigo
        la promesa de la inmortalidad.
Siento que pronto, muy pronto te acompañaré
      en las mansiones de la descomposición.
Ya lo ves compañero…, hoy es día de vigilia,
          ayer lo fue de muerte.

DÍA DIECISIETE

Mañana, seguro, seré feliz.
Mañana, seguro, será mucha más mañana
y podré ser feliz mirando hacia atrás,
    sobre mi propio hombro,
        para contemplar la dicha que tuve hoy.
Hoy, en cambio, es distinto.
Hoy llueve y, a pesar de ello, escribo.
Tampoco me gusta para nada la soledad,
pero en ella escribo.
Mi noche, hoy, es tan oscura
      que cierro los ojos para no verla
y poder así huir, al mismo tiempo,
    de lo estúpidamente normal
        (pero también en ella escribo).
Y aún así he de seguir andando.
Mi mano temblará hoy escribiendo… ¡pero lo haré!
Y todo ello a pesar de que ya casi todo es silencio en mí
y hasta mis propios versos
        ¡me incitan a no seguir!
En fin, mañana, si despierto, seguiré escribiendo.
Hoy sólo pienso en vivir.
Hoy… no sé si soy feliz o no,
      ¡hoy tan sólo vivo!

DÍA DIECIOCHO

Hoy me encuentro tras arbolados horizontes
que no me dejan ver el mar.
Sólo un adiós redimiría ya la esperanza
de quien, como yo, se siente
        demasiado pequeño para tanta vivencia.
Pero hoy no cederé, no abandono…
Hoy quiero, con mis propias manos,
cortar una vez más tu blanca estrella
con sus aristas, sus destellos, sus luces…
     osadamente subido yo al carro de la imaginación.
Porque hoy no puedo ceder, no quiero…
Hoy recrearé en mí tu cuerpo húmedo de tristezas,
              tu horizonte, tu centro, tú…
porque la vida corre rauda entre mi sangre
con ese extraño ardor que enciende mis entrañas
      en una absurda eclosión de turbias desnudeces.
Sí, hoy me dolió dentro el mundo como nunca…
Hoy me dolieron sus espadas y, sentado junto al mar,
hice míos también sus oros, sus copas…
               ¡y hasta sus bastos!
con ese inexplicable regusto que siempre fue dejando
la vida de los demás en la geografía de mi mente.
Sí, hoy me dolió tanto el mundo que…
        ¡hice de él mi mejor canción!

DÍA DIECINUEVE

Pasé la vigilia confundido entre opacos conjuros
hasta que sentí en la nuca
el aliento del alba liberándome
              de las oscuras fuerzas del sueño...
Hay algo en mis noches,
  - en el corazón de mis noches -
que me lleva irremediablemente
              hacia sueños inconfesables.
Es como un obstinado guerrero sin piedad y sin norte,
que brota de la propia esencia de mis noches
  y entre cuyas manos se aflige mi melancolía.
Por eso, le pido a gritos que me deje,
que me libere,
que me ayude a levantarme del suelo
              de mi propio olvido
y que...¡me rescate de mis recuerdos!
Y es que el tiempo no es tal cual lo imaginamos.
Es cruel, fugaz, volátil, persistente en su juego,
  - como el azul en mis quimeras -
adornándose, a veces, del clamor de la victoria
    y tendiéndonos puentes inmediatos
             hacia nuestros sueños más íntimos.
Y es que, a nuestro pesar, queramos o no,
  somos hijos, esclavos... ¡de nuestros propios sueños!

DÍA VEINTE

Me gustaría cultivar la desesperación
en su sentido más perverso y contagioso
porque hoy no estoy, no me veo,
no me encuentro para nada,
ni en las palabras ni en los versos de mis poemas.
Y el caso es que, en verdad,
                  no tengo razones para ello, no...
Hoy juego a negro sobre blanco,
a blanco sobre negro.
¿Por qué será que jugando a este juego gris
        todo es mezquinamente igual a si mismo?
¡Qué más da!... ¿acaso sería cierta mi muerte sin mí?
¿A qué montaña me podría elevar hoy
      desde el vientre de mi tiempo
          enloquecido ya por tanto grito de la memoria?
Y mientras yo, como un estúpido…
contando sílabas en este juego absurdo
del salvar a toda costa
mis miserables sentimientos en un papel…
abstrayéndolos, inútilmente,
         en estériles metáforas sin bandera.

DÍA VEINTIUNO

¡Dios mío!
¿me has de creer si te digo hoy
                  que no somos tan distintos?
A tu imagen y semejanza...
Cuando la esperanza fluye
   en cualquier vía del conocimiento
                        ¡siempre apareces Tú!
Tú adornas mi desencanto con festones de ilusión.
Tú evocas las razones que aún duermen
     abiertas en mis sueños
y me haces avanzar en profundidad
                        por apurar la carrera.
Porque quien habla ya a los muertos
bajó hace tiempo también
             el último peldaño de sus sueños.
Hoy ya, en esta cúspide de mayo,
atracando poco a poco en la dársena de mi vejez,
huyo despavorido de mi propia intemperie
y camino hacia Ti
      cogido de la mano de mi interna destrucción.

Lo sé: hoy yo... sólo soy yo y la agridulce compañía
                    ¡de mil sueños sin traducción!

DÍA VEINTIDÓS

Hoy siento que me cubren las estrellas.
Las buenas y las malas... ¡todas!
Hoy podría lanzarme hacia todo lo alto
y colmarme de esa nada que presiento
para cuando vea salir mi esquela
                en los diarios de la eternidad.
Entonces,
me perderé sumiso entre los relojes del tiempo
     y caminaré, decididamente, hacia ese lugar
           donde todo diálogo es ya puro simulacro.
Pero hoy mi alma aún sueña con voces, alientos, latidos...
Sí, voces, alientos y latidos nuevos
aunque sean ya el único equipaje que llevarse a los labios
y poder traspasar con ellos
              la frontera de mi propia carne.
Como por el plano de una ciudad perdida
camino sin dudar hacia un futuro cierto
                que la muerte acerca.
¿Cómo puedo esperar ya nada del alba?
¡Dios mío, qué absurda poesía la de la vida
que hace tuyos ilusiones y espejismos
para engañarte después
tras la deshilachada bufanda
              con la que te cubre su soledad!

DÍA VEINTITRÉS

Hay días en que de mí mismo no sé nada.
Días hay en que creo vivir en otro ser distinto a mí
y en él no me reconozco, no sé si soy ése…
Ahora, cuando en mi vida
comienza ya a hacer todo demasiado tiempo,
me ilusiona proponerte un brindis.
Brinda conmigo, lector, por la nada,
por lo vacío, por lo inútil,
por todo aquel, que como yo,
           se tambalea ante el sello de piedra.
Brindemos por los paisajes cerrados y oscuros,
por el recuerdo, hecho tortura, de la carne deseada
y, por qué no, por las silenciosas alas de la Parca.
Brindemos también, sí…
por aquel que supo acribillar a escondidas
           su propio miedo
y por último, brindemos todos juntos
por esa congoja que nos atenaza en el alba
           cuando la madrugada se va muriendo.
¡Hay tantas cosas por las que brindar!
Me gustaría haber sabido inventar
un idioma nuevo para el otoño del hombre.
Un idioma sin muerte, sin vejez, sin huida y sin...
                     ¡descomposición!

DÍA VEINTICUATRO

Hoy se me va haciendo el adiós transparente
y hasta siento cómo, poco a poco,
voy ocupando en la noche mi justo lugar.
A igual a quien huye desnudo
noto cómo la flema de la vida va barnizando mi alma
y la despoja al mismo tiempo
del lastre de la envidia,
de la intolerancia del racismo,
del altivo orgullo sin sentido,
del doloroso tropel de los celos…
al tiempo que afloja en mí el equipaje de la pasión,
              del poder, del dinero, de lo divino...
No es más feliz quien más tiene
sino quien menos espera ya del destino.
Mientras los años, con su azar,
van sumando vivencias en mi mente
              hasta oscurecerla en su caos.
Vivencias que van naciendo en mí
 cada vez con más dolor y menos asombro…
y es que nací en el mismísimo centro
de un hambriento otoño de postguerra.
Tiempos crueles, difíciles…
              de buena fe y mala conciencia,
de verdades custodiadas y apariencias de letargo.

DÍA VEINTICINCO

Me siento, hoy,
como un huésped huraño de mi propia vida,
perpetuamente en el mismo cuarto,
                  eternamente en la misma noche...
prisionero de una ilusión que me engaña,
                  que siempre me ha mentido.
Pero uno es consciente de que
el mar se retira y luego siempre vuelve,
de que detrás de cada día viene el siguiente,
de que no hay ya nada nuevo bajo el sol...
Por eso, desde tu lugar sin importancia,
no dejes cada día de levantar en ti nuevos vuelos,
y en la jugada de tu vida... ¡atrévete!
y réstale en farol nuevas ilusiones, nuevos afanes...
Hoy quiero anunciar dioses y juegos,
                brindar amores, fuegos y vanidades
y, entre la vorágine del mundo que me tocó vivir,
gritar a todos que un día más la savia de la vida
me hizo sentirme hoy pequeño, sabio, tolerante...

Hoy me siento mitad verdad, mitad mentira...
                  y el resto: ¡un sueño!

DÍA VEINTISEIS

Hoy recuerdo la lujuria en tu sexo, el llanto en el alma,
la mano abierta, el sudor a medias,
el riesgo de hacer de cada poema un texto,
la tentación, nunca cumplida,
de arriar de una vez por todas este maldito orgullo mío...
Porque hoy es el día de la calma, de la inercia,
de sonreír hablando, de persistir en mi sitio,
de aguardar en reposo...
Hoy, que mi vida retorna de otra dimensión,
      me siento mucho más *lázaro* y menos *judas*.
¿Quién podría gritarme hoy que el viento no es mío?
Hoy, por fin, me muevo entre finitos instantes,
entre momentos concretos, a horizonte fijo...
          sin perderme en ambigüedades.
Hoy los misterios divinos quiero dejarlos de nuevo atrás.
Hoy, mi alma es fugitiva de sí misma
  luchando por sobrepasar el tiempo
    y convertirlo en el verdugo de mis propios sueños.
No echo de menos un destino fácil
ni tampoco desdeño la fatigosa cumbre
pero, hoy por hoy, ya me conformaría yo con peso y medida,
con amor y amistad y con una esperanza compartida...
que me fuera llenando, poco a poco,
          ¡de humanidad!

DÍA VEINTISIETE

En este mar de silencios
por el que constantemente navego
siempre me queda algún rincón del alma
donde me encuentro, archivadas,
aquellas amarillentas imágenes,
   - semiroídas y borrosas ya -
que conforman la historia viva
                       de mi propia vida.
Porque no hay tiempo de tu tiempo… que no se acabe.
Por eso hoy quisiera ser el domador de mi destino,
el adiestrador de mi propia suerte,
el dominador del azar,
      el domesticador de mi fortuna,
           el desbravador de la torva fatalidad.
Esto me permitiría dominar la noche
como si no hubiera otras razones para ello
que aquel proyecto de poema
           que en mi interior arde con toda su crueldad.
Pero no es sencillo, no.
Nada es simple, todo es justificación y yo...
                ¡me dejo seducir!
Hoy, en mi descolorido presente,
necesitaría bastante más que fe y voluntad;
necesitaría algo más para compartir
        que la simple urgencia de un poema.

DÍA VEINTIOCHO

Esta mañana hasta me hace bien ver la luz.
Hoy se me aligera el recuerdo
vagando entre tantos huidos momentos infantiles
que, atravesando la piel de mi memoria,
se van desdoblando en rancias imágenes
      que me hacen volver a ellos
          resucitando aquellos tiempos.
Esta mañana he templado,
he sabido tensar con fuerza
las cadenas de mi amor propio.
Hoy me reclamo insistentemente la relectura
de mi tiempo anterior, tan próximo en horas,
y al mismo tiempo tan lejano, tan difuso, tan perdido...
para no creerme el único bastardo
          de esta podrida generación.
¡Cuánto ruido hay hoy en el claustro de mi memoria!
¡Benditos los que sueñan con imágenes triviales
        sin mitologías que los atemoricen!
Navego hoy sin puerto ni destino
huyendo de una desolada ciudad íntima
como si ya no existiesen otras razones para mí
que el lastimarme encarnizadamente
          con tantos viejos recuerdos.

DÍA VEINTINUEVE

Buscando estoy el orden en mis días,
buscándolo estoy
bajo el solitario sol de los noctámbulos,
abandonándome conscientemente a viejas complicidades
mientras noto de qué modo irremediable
          me voy secando invierno a invierno.
Hoy quisiera dejar, de una vez por todas,
      la armadura a un lado
aunque sólo sea por pura coherencia conmigo mismo,
mientras que, a mi alrededor,
          el mundo continuará transcurriendo indiferente.
¿De qué me sirve ahora el alma, ya curvada y derrotada,
y las locuras a las que me incita?
Me dice: *¡Vete al mundo y diviértete!*
¡Salta a su feria y disfrázate!
Arrasa, saquea, arrolla, miente...
¡Todo vale mientras sigas siendo,
   aunque lo seas cada vez menos, eréctil!
Y así, poco a poco,
siento caer sobre mí la venganza de la noche.
Doblegar el destino es ordenar la fuerza
          con el alma en las manos.
Pero hoy no pude. Quizás ya...
          hasta haya pasado mi hora.

DÍA TREINTA

Días hay en los que no puedo

escribir

        de nada,

                absolutamente

                        ¡d e n a d a!

Será, acaso,... ¿que ya soy feliz?

DÍA TREINTA Y UNO

Hoy me siento mensajero de lo absurdo,
forastero vil en la película de mi vida,
palabra soez
        - con falta de ortografía -
                en el libro de mi historia.
Pero… ¿por qué? ¿POR QUÉ?
Necesito un revulsivo.
Necesito, aunque sea por una sola vez
echar a conciencia el carro por las piedras,
tirar por el camino de en medio, hacer de tripas corazón,
ponerme el mundo por montera y gritarme:
"¡Sí! Hoy me siento feliz.
Hoy me siento dispuesto a todo,   ¡a todo!
Me siento capaz de cantar un réquiem por "alegrías",
de llegar quince minutos después,
de quitarle al mar su sal,
de tatuarme en la espalda mi nombre de país,
de soñar sin hacer caso al corazón
o de jugar al escondite en las cuatro esquinas
                      del deseo…
¡Sí, hoy sí soy capaz!
Hoy me siento muy por encima de todo y de todos.
Es que hoy, por fin,   ¡ me siento poeta!"
        Y mira, quizás… ¡hasta lo haga!

DÍA TREINTA Y DOS

Hoy me pregunto por qué
  en el despiadado juego de la vida
no hay otra enseñanza que aquella de morir o matar.
¿Por qué hay que ser siempre el árbol
                  más alto de la colina?
¿Por qué te incitan a ser autovía
                  si a ti te ilusiona ser sendero?
¿Acaso el grumete no puede ser feliz
                  si no capitanea el barco?
Ni el dinero, ni la gloria, ni los cielos
son metáforas demasiado valiosas en el milagro del existir.
Y Dios dijo: ¡no matarás! Y así lo hacemos…
Pero se puede matar sin muerte todos los días,
                ahogar sin agua, aplastar sin peso…
Demasiados modos hay de hacer caer las hojas
                  sin necesidad de otoño alguno.
Maldita sea esta sociedad nuestra
  que entre todos hemos cometido…
que todo lo pesa, que todo lo mide y todo lo calcula.
Una envilecida sociedad que sin rubor alguno
te cubrió con una venda los ojos,
te vistió a la fuerza una coraza de escudero
y te impuso inquisitoriamente un dios de hombres
                como si ya en ti… ¡todo el alma fuese hombre!

DÍA TREINTA Y TRES

¿Acaso las maniobras del destino,
oscuras, calladas, sigilosas,
se mueven de un modo arbitrario
                      estallando por azar?
¿Por qué mantuve hoy mis labios cerrados
 y dejé caer en el abismo mis sueños más queridos?
También todo mayo tiene su noviembre,
toda primavera su otoño,
      toda erección su flacidez…
Puedes vivir todo cuanto vivas en ti mismo
pero, no lo dudes,
              hecho para la muerte estás.
El paisaje que anida en ti
te impregna de él sus mandamientos,
   te aplica su espacio,
     te impone su dimensión
y en ese mismo orden
su impronta quedará marcada en tus mejores versos.
Versos que serán de por siempre tu patria,
      tu bandera, tu insignia,
           la guía de tu instinto, tu herida abierta…

DÍA TREINTA Y CUATRO

No hay salida… ¿es qué no lo ves?
Mi tiempo carece ya del sentido del todo
en una adormecida agonía
            que no es difícil de contar…
Este tiempo mío:
            ¿es abogado de Dios o del Diablo?
¿Cómo he de llamarle?
No, no tengo ahora la palabra justa
pero me persigue a todas partes con su prisa…
¿Acaso es irremediablemente necesario todo esto?
¿Son necesarias todas esas palabras, vacías y huecas,
            que al morir no recordarás más?
¡No entiendo entonces en qué consiste el triunfo!
Hoy ya no me vale la metáfora de la gloria,
ni el engaño del después, ni la alegoría del infinito,
            ni siquiera… la cara oculta de Dios.
¿En verdad estuvo todo esto alguna vez a tu alcance?

¡Bienaventurados sean pues los poetas
que ellos sí supieron saber a qué sabe la derrota…
            y hacerla suya!

DÍA TREINTA Y CINCO

Hoy me siento revoltoso…
Hoy el alma se me prolonga juguetona
              como en puntos suspensivos…
Por eso, aunque vea hoy mi destino
tan sólo como un minúsculo arrife,
lo engalanaré solícito con gallardetes y banderolas,
con papelillos y faroles,
              con colgantes y guirnaldas
(obligatorio, eso sí, sin excesivo ni penoso esfuerzo)
y lo lanzaré contra esta sociedad y sus alianzas…
Hoy me soltaré amarras, libertaré prejuicios,
desataré ilusiones, pregaré mi propio ego,
desalmidonaré la conciencia, ignoraré convicios,
me diseccionaré el orgullo, mesuraré mi haronía
y así, por fin, podré contemplarme, feliz, a mí mismo…
Y es que, una vez llegado a este estado mental,
es muy fácil darse perfecta cuenta
de cuándo es conveniente acabar un poema
y cuándo dar
              ¡por finalizado un libro!
¿Lo ves? es que hoy…
              ¡hoy me siento especialmente revoltoso!

FIN

www.ingramcontent.com/pod-product-compliance
Lightning Source LLC
Chambersburg PA
CBHW061303040426
42444CB00010B/2500